"Maravíllosa"

por
Rosanna Blanchard

-Poesía-

A Dios, por Su Gracia.
A mis padres, Miriam y Prisco.
A mis hijos, Adrian y Sebastián.
A mi esposo, César Nicolás.
A mis hermanos, Priskin y Taba y sus familias.
A mis amigos y a mis hermanos de tinta.

Al tiempo y a la distancia.

Índice

Prólogo

Si hay sorpresa en la poesía de un autor contemporáneo no creo que la hallemos en el talento (el talento es inagotable) o en la temática. Los temas, por más rebuscados, son siempre los mismos, la condición humana y sus accidentes: el amor, el dolor, el olvido, la muerte…La sorpresa de la poesía contemporánea, en mi opinión, nos asalta desde un elemento necesariamente más personal: el sentimiento. No el sentimiento que se intenta describir en la obra, sino el sentimiento que viaja y se plasma desde el poeta a su poesía, y viceversa.

En la poesía que Rosanna Blanchard nos brinda en *Maravillosa*, hay una sorpresa que no se hace esperar; es una sorpresa presurosa, que salta a la vista desde el primer poema, y que se desplaza libremente por el continente fresco y vivo de toda la obra. Ese elemento, ese condimento sorpresivo y grato, ese sentimiento, nos lleva de la inocencia al atrevimiento.

Maravillosa es una breve recopilación de algunos sonetos, de versos musicales, en el más clásico de los sentidos poéticos, cuyo propósito parece no ser otro que el de brindar un momento trascendental, a un nivel totalmente desnudo de pretensiones y, mejor, se lanza sin superfluas ornamentaciones al ojo del lector, y de ahí a la búsqueda de su disfrute. Hay, aunque arriesgo limitarle, un 'hedonismo poético', por decirlo de algún modo, ya que la autora parece disfrutar cada verso, como lo evidenciamos en el poema *Maravillosa,* que da título al poemario:

"…Me maravillo con esto/en los abismos de cada cielo/con cada estrofa queda el deseo/de amar con fuerza entre los cuadernos…/¡Qué maravilla, los sentimientos!…"

Me inclino a pensar en *Maravillosa* como en un viaje, como quien se va a vacacionar, buscando dejar atrás las rutinas, las tecnologías, las excentricidades cotidianas y se encuentra de repente con un riachuelo, con el bosque, con un paraje verde y solitario, donde dos se comen a besos.

Uno se encuentra con la llaneza de la vida en estos versos, y se asombra de hallar una voz sonora -contrasta lo clásico del estilo con la voz contemporánea de la poeta- dentro de tanta libertad de versos y tanta barroca verborrea que ocupa al poeta moderno.

Rosanna Blanchard, tiene voz de poeta, pero también de mujer. Es una voz inteligente, madura, honesta; pero es también una voz tierna, como de niña grande, como si hubiera permanecido encerrada en un poema por años, y desconociera la palabra 'atrocidad':

*"...Y le pregunto ahora/ (al poema, no a la falda)/ ¿cómo hago con los versos/ que vienen y que van?/
mientras ella delira/ y dibuja las ansias/ más frescas y atrevidas/ y las deja volar..."*

Si me forzaran a escoger uno, entre tantas delicadas ofrendas al corazón, me rehusaría. Maravillosa equivale a ese momento del aguacero de la niñez, cuando, otorgado el permiso para salir a bañarse, se ubica un chorro como una cascada, y uno cree que ha encontrado toda la dicha. Pero ya a punta de pistola, me quedo con el más breve de todos, y uno de los más hermosos: *Generación.* En conclusión, para leer y enamorarse de *Maravillosa,* de Rosanna Blanchard, basta haberse enamorado una vez, basta sentarse con el café y la tarde, basta haber sido niño.

Edgar Smith

"Maravillosa"

No tengo corazón

No, no tengo corazón,
lo que tengo es un poema
que se contrae y libera
los versos de mi pasión
(ya no tengo solución)
no voy a morir de pena,
es un necio y me condena
a vivir con la ilusión
de besarle el corazón
a aquel que mis versos lea.

¡Ay, mi pecho es una fiesta!
¡Dios me ha hecho un regalito!
¡Mi ángel trajo en los bolsillos
grandes rimas, bellas letras,
y cual si fueren recetas
me las canta en el oído
y con su torpe equilibrio
por mi hombro se pasea,
recita a diestra y siniestra
con su manchego y su vino.

No tengo la menor duda
(la menor duda no tengo)
que arrullada fui con versos,
tuve un soneto por cuna
¿Mi maestra? fue la Luna
y el Otoño mi contento,
el mar, mi paz, y por cielo
tuve Salmos, tuve lluvia,
que humedeció la locura
de leer, con mis diez dedos.

¡Que lata y que lo haga fuerte!
¡Que sea así mi vida entera!
Que se riegue por mis venas
con células que no mueren
que mis flores se renueven
¡que lo note el me vea!
que mi piel sea primavera
que florece y reverdece
este corazón alegre
que late...como un poema...

Maravillosa

Me maravillo con esto
de ver las hadas marcar acentos,
así poemas hechos con versos
que se enamoran de los recuerdos
y son felices, sin argumentos.

Me maravillo con esto
de ver mi pluma volar al viento
de ímpetu fuerte que arrastra un beso
por los pesares, por los tormentos,
por cada risa, por cada intento.

Aunque quisiera (porque no puedo)
y me acercase yo a los linderos
donde limitan rimas y versos
los buscaría como un sabueso.

Me maravillo con esto,
en los abismos de cada cielo
con cada estrofa queda el deseo
de amar con fuerza entre los cuadernos...
¡Qué maravilla, los sentimientos!

Catorce y quince

Yo sé que me miras
y en este momento
te doy mi sonrisa
número catorce
(esa que derrite
la mirada helada,
esa que te invita
a pasar la noche).

No lo pienses tanto
¡Quédate conmigo!
Yo prometo y firmo
que no te haré daño...
Si quieres, incluso,
juro no tocarte,
siempre que controles
tus manos, tus labios.

Si no te intimidas,
si no te convenzo,
te regalo entonces
la número quince
(esa que te grita:
¡Ahórrame el vino!)
que invita a largarte,
por donde viniste...

La falda, el poema y el zaguán

Me quema este poema
las puntas de los dedos,
ya me tiene nerviosa
y me obliga a escribir
la fantástica historia
de una falda coqueta
que se sube ligera
buscándose un festín.

El zaguán del vecino
le parece propicio
para hacer maravillas
con su imaginación,
y, generando celos
en los otros zaguanes,
elige aquel que esconda
a oscuras su pasión.

Y le pregunto ahora
(al poema, no a la falda)
¿cómo hago con los versos
que vienen y que van?
mientras ella delira
y dibuja las ansias
más frescas y atrevidas
y las deja volar.

Más él, mudo ha quedado...
los besos de la falda
le arrancan los botones
no le dejan pensar
ni en versos, ni en palabras
y he quedado disuelta
en una ardiente espera...
una espera mortal...

En la espera, medito...
"los zaguanes no mueren
no pasarán de moda
y en voga quedarán
para besos de niños,
para jóvenes locos,
para amantes sufridos
sin importar la edad..."

En sus besos escucho
dormirse los gemidos...
parece un arrecife
que enfrenta un huracán,
y el que plasma vivencias
de faldas torrenciales
amantes de peldaños,
no sabe a lo que va.

Y mi pluma, agotada,
de todo lo ya escrito,
encierra los momentos
que atestiguó el zaguán,
que orondo se gloría
cual si fuese el amante
de la falda que siempre
enmacabra su plan.

Suspendidos descansan
los versos que el poema
se ha negado rotundo
reportar por demás,
pues la falda maldita
le ha dejado aturdido
almidonando adioses...
hasta nunca jamás.

Fidelidad poética

Tú quieres que yo violente mi sagrada adoración
a los versos más profundos que nacen del corazón,
a las horas de preludio que concede una canción,
a un bolero solitario que se cuece en un balcón.

Me sugieres que renuncie y me adapte a otra rutina,
que en vez de ver las estrellas, mire de frente los días,
Tú no sabes lo que dices…pareciera que me
envidias…
¡Los poetas no vivimos sin estrofas ni poesía!

"Cada loco con su tema", como lo diría Serrat.
Sería yo entonces aguja, sumergida en un pajar.
Para mi es una amenaza a mi hábitat natural,
un intento de extinguirme, a mi …y a la humanidad.

Pues sin la poesía, no hay mundo y solo hay cosas que
ver.
No hay sentimiento, no hay toque, no hay arte, no hay
interés.
Tú me pides lo imposible y no te pienso complacer.
No malgastes tus palabras…a mis poemas, soy fiel.

Tu aroma

Me trae la lluvia tu aroma
y hueles a primacía,
a campanarios robados
a trabajo y a alegría.

Ese olor a frente altiva
que se impregnó en mi memoria,
me persigue día y noche
y me perfuma la sombra.

Hueles a ritos y a canto,
a luz ausente y preciada,
a fiebrecita de niño,
a pesebre y a manzana.

A veces, olor despides,
a progreso subterráneo,
hueles a "dama de día",
hueles a un mártir de antaño.

En mi corazón yo guardo
tus sabores y tus ruidos…
me acompañan donde ando,
como un legado infinito.

Padecimiento

¡Me he enfermado, estoy en cama,
pronto en coma he de caer!
¡Me ha mordido fatalmente
un verso que leí ayer!

Me ha quemado su veneno,
con fiebre quedo tendida
en un lecho de palabras
¡Muero enferma de poesía!

Siento rima en mi cabeza
y me duele la alegría
del suicidio que cometo,

pues el verso venenoso
lo escribió quien agoniza...
¡y hoy me muero por mis versos!

Advertencia

Te he advertido, no lo hagas,
por experiencia te digo
no te lances al abismo
de la oscuridad que engaña,
pues los ojos son, del alma,
el espejo más seguro...
cuídate de lo profundo
que se esconde en su mirada.

A una mujer no le mientas
si tiene los ojos negros,
no la traiciones, que hereda
poderes y mandamientos
que rigen su hegemonía,
y a puro resentimiento
te enamora de por vida...
y tú no podrás con eso.

¡A sus caderas te amarra
y su risa te domina,
son sus lágrimas carnada
y sus besos te intimidan!
cada mirada, un anzuelo
donde cuelga sus caricias
y al fuego de sus abrazos,
recordarás tus mentiras.

Advertido estás, amigo…
y ya avisada la guerra
no mata al soldado alerta,
y si lo mata te digo
¡a gloria sabrán sus penas!
pues ha muerto por su gusto
de mentir y hacer llorar
a mujer de ojos oscuros.

Promesa

Yo, te quiero la mitad
de lo que tú a mi me quieres,
como en los amaneceres
ten paciencia y ya verás
que el Sol nace cada día
y enamorado se crece
y amor eterno promete
al horizonte en el mar.

Dolor ajeno

Cuando se siente el ajeno
como que el dolor es tuyo
y la pena de un amigo,
que es inmensa, como el mar,
apenas es la playita
y ya sientes cuán profunda,
cuan fría y desesperante
se ve la profundidad…

Cuando quieres ser mas fuerte
para anclarles el navío
en el puerto de tu alma
para que no sufran mas,
pero el viento que te embate
va deshaciendo tus nudos
naufragando las palabras
de aliento que quieras dar…

Mudo quedas, levantando
la mirada al cielo eterno,
preguntando al firmamento
qué ha pasado en realidad…
y sin respuestas te quedas
y te invade el desconsuelo
y mirando al horizonte
no sabes en qué pensar.

Cuando el ajeno se siente
como si a ti te pasara,
solo pensar esa suerte
te desmaya la razón…
cuando el mar, no se abrió nunca
y se ahoga otra promesa,
quieres ver que esa cuaresma
les traiga resurrección.

Sapo

Mi corazón, no comprende,
aunque trate de entender,
cómo piensa el sentimiento
y por qué es tan dulce esta hiel.

Cómo, sin abrir los ojos,
mi mente te puede ver
y aunque te sienta distante
sienta el olor de tu piel.

Mi corazón, indiscreto
deja las puertas abiertas
y el tuyo cierra candados
y a mi libertad apresan.

Y mis manos, pobrecitas,
fallan una y otra vez
intentando vanamente
retener lo que se fue.

Mi corazón está ardiendo
mi corazón tiene sed
tiene ganas de pedirte
una explicación, tal vez.

Pues se espanta por las noches
cuando despierto de un salto
borrando las pesadillas
del príncipe...que hoy es sapo.

Mi corazón me susurra
y apuesta a mi en el silencio
y me recuerda que un día
he de propinarte un beso,

que le saque de esta duda
de este desquiciante encierro
que llueve de abajo, arriba
hidratando los deseos,

que se quedaron dormidos
el dia que decidiste
irremediarme la vida
¡y en tu estanque te metiste !

Instinto

Hoy me siento, diferente.
Hoy sospecho un no sé qué.
Hoy mi instinto se agudiza
y la lluvia da un traspiés,
que me invita a que le abrace...
no quiero verla caer...
no quiero sentir su ruido
que se clava en mi interés
gota a gota, sugiriendo,
tentando la delgadez
de las líneas que no cruzo
cual en juego de ajedrez
y que va desarrollando
este instinto de mujer.

Azul

Degrado evidente, mientras me impresiono,
los azules tonos de cielo y de mar,
se llenan los ojos, igual la memoria,
burlándome a solas la profundidad.

El azul celeste dibujó lo lejos,
montañas azules dicen donde estás,
y en el horizonte, que intenso define
la enorme distancia, se derrama el mar.

La infinita, luce todo el panorama
el segundo exacto, la sal, tu mirar
y al borde, indecisos, penderán deseos
de ver sin remedio la noche llegar.

Valiente

Me llamaste un día y me diste nombre
y desde ese entonces me llaman así,
me rendiste en credos y en mil oraciones
y lo que hoy escribo, lo aprendí de ti.

Invocaste entonces Espíritu Santo
en cada mañana que te acompañé…
hoy de igual manera enseño a mis hijos,
camino a la escuela, como te escuché.

Tus palabras fueron como la semilla
en fértil terreno, a veces con sed…
guardo cada una en mi alma de niña,
como los secretos que yo te conté.

Un día, entre llantos, tomaste en tus manos,
sonriendo y llorando a la misma vez,
mi rostro asustado y secando el llanto
me dijiste algo que nunca olvidé.

Fue una frase corta, casi una utopía,
un oasis claro, algo que creí…
dijiste segura y llena de confianza:
"Mi hija, ¡tan valiente!"… y yo renací.

Se calmó mi angustia, disipó mis penas,
esa palabrita se clavó en mi sien…
y siempre que tengo que enfrentarme a algo,
se que soy valiente, porque te escuché.

Furiosa

¿Quién dice que no te quiero?
¿No ves que sin ti me muero,
ni que entre tanto desvelo,
aunque esté sola, te veo?

¿Te lo ha dicho un pajarito
de esos que hablan al oído,
y vaticinan comicios,
cuando estás medio dormido?

¡Qué descaro! ¡Qué indecencia!
¿Cómo se te ocurre a medias
decir, que es indiferencia
y que mi amor es miseria?

No hagas caso de la gente,
que el que te quiere, te puede,
pues padeces de inocente
tener cara indiferente.

¿Es por celos que me acusas,
o has llegado a la locura?
¿Por qué me haces sentir bruja
que te mira y te conjura?

¡Yo te quiero y tú lo sabes!
¡Deja ya de ver las aves
que susurran desde el aire
tal canción...tal disparate!

¡Machete en mano, furiosa!
Yo, con mi risa de loca,
refrescaré tu memoria :
¿Mis perdones? ¿Tus deshonras?

¡Quedo enojada! ¡Ten miedo!
¡Buscaré en el pueblo entero
al salvaje, al embustero,
que ha dicho que no te quiero!

La huida

Compartimos a solas el mar que nos rodea
y el cielo que nos mira dispuesto a navegar
en las olas de plata que visten nuestras sienes
y llevamos cual manto que nos pesa al andar.

Igualmente la noche que llega silenciosa
y como catacumba nos protege al amar
de todas las cruzadas, de todos los azotes,
de la hoguera maldita, de toda iniquidad.

Compartimos la pena de las inquisiciones
imputadas por otros que no saben amar,
pero Dios es testigo y nos mira desde el cielo
y ríe, porque sabe lo que nunca sabrán.

¡Huyamos esta noche, mientras el mundo duerme!
Nos protegen los cielos y nos espera el mar
y atada una balsita, a las doradas alas
de una neblina densa, nuestra aliada será.

¡Despierta ya! ¡Es hora de alcanzar nuestros sueños!
¡Al fin libres seremos! ¡Es perfecto mi plan!
¡Luego de ser gacelas huyendo de este hastío,
cruzaremos los mares, nada nos detendrá!

¡Ah! ¡Que no seas necio, cantar de mis cantares!
¿No ves que me mereces cual te merezco yo?
¡Escucha! ¡Los caballos!...como perros ingleses
nos buscan incendiando tras su paso el amor.

Redoblan los tambores de la marcha más triste,
las campanas congelan el piquete final,
en la Iglesia del pueblo (cerrada y con enfermos
que debajo del suelo, penitencias harán.)

¡Huyamos de este acoso de las cosas bonitas,
de los velos de blanco…manchados de pasión!
¡La ventana está abierta, salgamos de inmediato,
antes que nos acusen de fingir tanto amor!

Mas me miras pensando: "Frente a mi hay a una loca"
y en un beso infinito se enerva mi existir
cuando a mi oído asientes, no sin antes decirme
con caricias ardientes…"Te tienes que vestir".

Ya pasará

Cual callejón de milagros,
cual Berlín, amurallada,
troyana…como un caballo,
así se siente mejor
porque así como se siente,
te revienta la armadura,
te pasea por el pueblo
y te arranca el corazón.

No la llames, no la busques,
déjala allí atrincherada
deja que siembre en la arena
su pesar y su dolor
¿No entiendes que esa es la regla?
¡Permítele llorar sola!
Ya pasará, ten paciencia…
pronto bajará el telón.

Clepsidra

Se delinearon por tanto deseo
mis ojos, de negro, color azabache,
de tanto soñarte padezco desvelos,
momifico albas que traen tu semblante.

Camino desierta en un reloj de arena
y de un lado a otro va mi caminar…
la sed me acompaña, de algodón forrada,
del Sol se protege y a camello va.

Beduina me siento y con velos me cubro
hasta que la noche me hace regresar
al manjar de uvas, de dátiles y humus…
yo, la esfinge humana, tengo que esperar.

De nuevo me acerco a mi amada ventana
me destilo en llantos y no puedo más,
perdiendo mis aguas soy la veterana,
la clepsidra humana, para esta ciudad.

Amiga al rescate

¡Te vas a deshidratar
si sigues llorando así
y vistiéndote de gris
verás la vida pasar :
"un día menos, uno más"
deshojándole el destino
al que te mira tranquilo
y espera sin desmayar
a que pares de llorar…
cual Magdalena en el río!

¡Me ha cansado ya tu angustia
y he venido a despertarte,
a alimentarte, a peinarte,
a ponerte en pie de lucha!
Ya pareces una bruja…
¡Tú te ahogas en un vaso!
¡Pónmele fin a este caso!
La verdad es simple y pura:
¡Ya rayas en la locura...
basta de llorar, carajo!

La niña

La niña de su mami,
a pesar de sus años,
un dia zarpó lejos
(ni tan lejos zarpó)
y dejándolo todo
y a todos en su viaje
tras oportunidades
con su amor se marchó.

Maduró con carburo
las ganas de quedarse
cerca de sus autores,
atada a la piedad
que pudiera brindarle
un dia de algún año
algún loco a su tierra,
vestido de verdad.

Y ahorcando el tronco fuerte
de su vida estancada,
haló con tal disgusto
sus raíces que al fin
desenterró de cuajo
el anhelo profundo
de dar a sus retoños
un poco de barniz.

Pero también con eso
llegaría "el principio",
ese momento "duro",
"difícil de pasar",
días largos, encierros,
melancolía absurda,
duda, fe y alegría…
y soledad total.

Y la niña de mami,
se siente a veces niña,
desprovista, ansiosa,
con ganas de llorar,
esperando en la espera…
¡qué cosa mas tediosa!
queriendo hablar con alguien…
y sin poder hablar.

La niña se defiende,
se mantiene contenta
y cuenta las estrellas
que la noche le da,
animándose sola,
animando a sus hijos,
animando al esposo
que la quiere animar.

La niña necesita
oler a su mamá
y le duele el ombligo
cuando piensa en su madre,
sabiendo que a su madre
algo le dolerá,
al estar separadas,
llevándose en los ojos
en cada lagrimita
toda la sal del mar
que ahora las separa,
mas se sienten unidas
cuando escribiendo versos
se abrazan sin parar.

Mudanza y acarreo

Me mudo de ti
aunque tú no quieras,
aunque yo te adore,
me largo de aquí.

Recojo mi llanto,
hago mis maletas,
y acarreo todo…
porque te mentí.

Quisqueya durmiente

Trinitariamente hablando
(por los años de letargo,
por las décadas de engaño,
de mentira y falsedad,
por todos los que callaron
y guardaron en silencio
el dolor de cada paso
que fue andado…hacia detrás,
recordando el sacrificio
que implica hacer equilibrio
entre espinas y entre erizos)
hoy tu voz se escuchará.

¡Ya Quiqueya! ¡ Estás despierta!
¡Desempolva tu arsenal,
que consiste en la verdad
que una vez fue envenenada,
y a domicilio entregada,
cual colorada manzana
que te diera alguna bruja
y enredándote en la bruma
te durmió en la eternidad
que su mente ilusionaba
y enriqueciéndose estaba
mientras dormías en "paz"!

Gracias a Dios, despertaste
de tan absurda anestesia
y tu infinita paciencia,
hoy llega a su ansiado fin
y te estimulan las redes
de tecnología jadeante,
te sientes interesante
a los ojos del país,
que escribe y te llama "Patria"
y defiende tus derechos,
levantándote del lecho
que ha estancado tu existir.

Entre pancartas que tienen
el nombre y los apellidos
de aquellos que te han herido
disfrutándote en festín,
triste vuelves la mirada
a un pasado no lejano,
donde los que hoy son abuelos
lograron tanto por ti
y hoy la historia se repite,
manifestándose el pueblo
que al verte siempre dormida,
se echó a tu lado a dormir.

Gracias a Dios…¡Despertaste !
¡Algún príncipe ha llegado
y tus labios ha sellado
hablándote de su amor,
y mirándote a la boca
te dice: "Llegó la hora",
de un tirón te desarropa
y te salta el corazón,
al recibir de sus labios
el beso de la reforma
y sientes que esta es la gota
que tu copa rebosó.

¡Quisqueya, te sabes bella
merecedora de paz!
(Eso de bolas de nieve,
en el trópico, no va)
y si dormida eres linda,
ya vislumbro tu hermosura
cuando se caiga la bruja
de la escoba en la que va
y tus hijos, victoriosos,
te devuelvan la valía,
cantando con valentía:
"…sierva de nuevo, ¡jamás!".

- 47 -

Generación

Al que tenga una hija que le llame "Poesía",
que le llame "Poema" si es acaso varón,
por nietos le darían versos de luna llena
escritos en Otoño y a lápiz de carbón.

Entre Dios y yo

Entre Dios y yo, hay una poesía,
un Salmo que pende de mi corazón,
un verso que alaba Su Santa Presencia,
un soneto simple llamado "Oración".

Celebro los días en que no lloraba,
igual cada gota de inmenso dolor,
recordando siempre Su Palabra dada,
pacto de promesas entre Dios y yo .

¡Shhh!

No le digas a la Luna
lo que me dijiste un día,
no le cuentes mis pecados
ni a ella ni a nadie más,
no lamentes mis pasados
porque la noche es muy corta
y el tiempo pasa muy lento
sin diversión, sin amar.

No te fijes en mi vida
como quien observa el arte,
no analices mi mentira,
solo mira mi verdad,
no te pierdas lo más lindo
que tengo yo para darte,
dicen, los mejores besos…
se dan en la oscuridad .

Sinfónica

Llueve melodiosamente estéreo,
sinfónica te espero yo, mi bien,
lame hondas heridas mi aguacero
bendiciendo mi existencia también.

Con la lluvia, envidiosa va la tarde
porque sabe que no hay nada más que hacer
que rendirse ante el canto de los mares
que susurran hasta el amanecer.

Y las palmas, que anuncian la alegría
con cadencias que parecen de mujer
tristes, como rosas, se marchitan
cuando llegas y me besas en la sien.

Antesala

Ya llegó el Otoño, como cada año,
llegó con sus lunas doradas de sol
con sus hojas secas, con su lluvia clara
a aliviar los suelos tras tanto calor.

¡Me encanta el Otoño! ¡Es tan apacible!
¡Me anuncia que pronto vendrá el Salvador!
el aire se siente lleno de esperanza,
y veo las cosas con otro color.

Algunas las veo, del color del cobre
como cuando algo cumplió su misión…
otras me parecen marrones y secas,
como aquel madero de crucifixión…

Las cosas que veo algo amarillentas
me recuerdan tanto algo que pasó
…un poema acaso jamás entregado
y donde una rosa su nido encontró.

Para los poetas no es triste el Otoño,
siempre que despierte amor e ilusión,
y deje dormidos rencores absurdos
y prepare el alma para algo mejor.

En lo personal, comparo el Otoño
con San Juan Bautista, ese que gritó
ser la voz que clama entre los desiertos
y que Sus Sandalias nunca desató.

Mi espíritu sabe, que pronto el Adviento,
que invita a los fieles a la reflexión,
llegará muy pronto, me lo traerá el viento
de este Otoño fresco que ya comenzó.

Propuesta

Si tú te casas conmigo,
si me dejaras quererte,
si me dejas protegerte
de las olas del hastío
y me dieras tu cariño,
yo te pintara de verde
el cielo, que, por tenerte,
cruzaría como un rio.

Si me aceptas te prometo
la luna que mas te guste
y las castillas, con luces
hechas con cera del cielo,
fueran el hogar perfecto
para que el amor fecunde
entre cantos, entre nubes,
tu mas ardiente deseo.

El varón de Troya

No me di cuenta de nada,
mi enemigo me ha vencido,
me distraje y se ha metido
como un niño en una cama…

…en mi corazón absurdo,
en mi vida sin sentido,
bebe el agua de mis ríos
y yo me rindo y no lucho.

Con él, se me caen la hojas
(las tres que todo me tapan).
Cual Briseida, despeinada,
espero al varón de Troya,

que adivinando mi espanto
tira el vino de mis copas
me planta un beso en la boca
y me dice: "Es un regalo".

Cosa que no me ha gustado
que me diga: "Es un regalo"
¿Qué regalo ni regalo?
¡Si no estoy de cumpleaños!

¡Mira que se caen mis hojas
y un regalo es un engaño!
No te vayas de mi lado,
¡Quédate varón…soy Troya!

Ezequiel 37

A veces me confundo y la duda me abruma
cuando Dios se apodera y se apiada de mi,
y siento en las entrañas el Poder de Su Aliento
que me quema los labios cuando le hablo de ti.

Recuerdo Su Palabra (Su Brillante Amadura),
recuerdo las guerras que me ayuda a librar,
pues en cada pasaje me devuelve a la vida,
me restaura del polvo y puedo respirar.

Cual profeta del valle, rodeado de huesos…
secos, sin nervios, sin carnes, sin valor,
camino en direcciones mas no veo progreso
pero confiada sigo cuando escucho Su Voz:

¨¿Es posible volver la osamenta a la vida?
¿Hija mia, crees acaso puedan revivir,
y volver a ser uno, y enredarse entre nervios
que carne los arrope aunque hoy estén así ?¨

Recuerdo aquel profeta otra vez en mi vida,
recuerdo que Ezequiel, obedeciendo a Dios,
contestó: ¨Tú lo sabes¨ a esas mismas preguntas
y en Su Nombre, a los huesos en fe les predicó.

Y los huesos se unieron, enredándose en nervios
y de piel se cubrieron tal cual lo dijo Dios,
pero seguían tan muertos, sin alma y sin sentido
y al soplar Dios Su Aliento, la vida les volvió.

¡Yo espero en Su Palabra y lo predico hoy
al esqueleto tuerto, de órganos absuelto
de esta relación nuestra que ya se nos murió
reclamando en Su Voz el poderoso trueno!

¡Yo le pido al Creador, se acuerde de nosotros!
¡Yo declaro este valle, uno de bendición!
¡Yo pronuncio Su Nombre sobre toda osamenta,
que a pesar de estar muerta… no resiste Su Amor!

Su Palabra es Eterna, y será proclamada
con fuerza en los valles que matan la pasión,
la confianza, el respeto, la familia y trae pena
para que sea sembrada con desesperación.

Cual profeta revisto hoy este matrimonio
y lo declaro vivo, por la Gracia de Dios,
y lo cubro aferrada con la Sangre de Cristo
¡Reclamo la promesa que a Ezequiel se le dio!

Que te baste

Yo también me canso,
me agoto, me hastío,
me exploto y me arrastro
al atardecer…

Tú no me critiques,
no lleves mi vida,
que con tu cansancio
te baste también.

Z

Tu cabello, como el Universo,
se confunde con negro antifaz
que casado con tu negra capa
te acompaña do quiera que vas.

Vaporosa y negra tu camisa
que enemista botón con ojal,
ajustados, negros pantalones,
embotado en un negro animal.

Llevas negro también el sombrero,
milagroso señor que detrás
de su sombra esconde tus ojos,
que son negros...solo por variar.

Y tus labios, como un marco llevan
un aliado varonil sin par
que acaricia un pensamiento oscuro
y desmiente toda mi verdad.

Tu mirada, me tatúa el pecho,
tu sonrisa promete un día mas
y la espada brillante que llevas
graba un verso...con una inicial .

Lamento equino

Te cuento en retrospectiva
la ausencia de mi jinete
que hoy me mira indiferente
-sin importarle me mira-
yo que le llevé borracho
a las puertas del hastío
(yo lo cuidé como a un niño)
y hoy me vende, ¡ mercancía
no soy más para este espía,
de tabaco y agua ardiente
que anda mostrando mis dientes…
porque ya no me quería !

Simultánea

A pesar de fascinarme
cada beso de las olas,
cada caricia salada,
cada abrazo de vaivén,
lo detesto al mismo tiempo
porque el verde de los mares
me recuerda que te has ido
y que no piensas volver.

A pesar de que me encanta
sentir en mis pies la arena
que diminuta me cela
sin apartarse de mi,
a la vez me desespera
y no quisiera ni verla
porque trae a mi memoria
la tarde en que fui feliz.

A pesar de apasionarme
la idea de izar las velas
que anida en mi la promesa
de llegar a donde estás,
me aterroriza que el viento,
en el horizonte, pierda
las ganas de soplar fuerte
y quede sola en tu mar…

Existencial vacío

Cuando caes en el abismo de una vida que confunde
que te tienta a no inmutarte tan siquiera a respirar,
y se lleva unos instantes tu alma triste al desafío
de continuar sin sentido y vivir en Nuncamás...

Cuando el cambio se avecina, cual ola de algún
tsunami
y amenaza tus rutinas, tus costumbres, tu habitat…
cuando tratas de hacer algo sin razón que te motive
y paralizas tus días frenando tu libertad…

Cuando de repente sientes que la vida se te ausenta
y gira en tómbola absurda la razón de tu existir
solo nace en triste suelo el deseo de vengarte
de la edad y los mareos que te han traído hasta aquí.

De repente, ya no existes, ya no escuchas ni padeces.
sientes cómo se derrite bajo tus pies la pasión
por la vida que tuviste, hace apenas un segundo
y no sabes cómo el tiempo, sin razón te la mató.

Así veo ese descanso, ese existencial vacío,
esa inoportuna ausencia que sopla en el corazón
de aquellos que se resisten y no valoran los cambios,
que son buenos, y no malos…y que traerán
bendición.

¿Quiénes somos? ¿Dónde estamos? Son preguntas
millonarias.
el problema es contestarlas desde un punto terrenal
que nos siembra en el espacio y nos riega con el
tiempo
negando nuestros principios, en nuestra curva final.

El peor de los vacíos que atraviesa el ser humano
hasta ver que es solo un fruto en toda la Creación
que en su búsqueda constante preguntaba a las
estrellas
a la Luna, a lo profundo, dónde vive el Creador…

…para poder preguntarle el porqué tanto alboroto,
porqué nos lleva al desierto lejos de todo y del Yo
y escuchar que nos contesta, con dulce voz amorosa:
¨Al desierto te he traído , para que escuches Mi Voz.¨

Difícil

Como tejer un suéter con cuerdas de guitarra,
como pulir el agua nadando tras el tren,
como buscar estrellas en cielos de Manhattan
y notar que una bruja es pieza de ajedrez.

Como la trayectoria de un huracán muy lento,
cual carrera de metas al obstáculo final,
cual sábanas de seda sobre una cama de espinas,
cual absurda mentira diluida en el champán.

Cual framboyanes grises sobre asfalto naranja,
cual siniestras palomas sin mensajes de paz,
como arruga en las alas de una vieja gaviota,
como anhelos que axioman la absoluta verdad.

Así, tan inaudito, pensar es tan siquiera,
que estas manos amantes no te van a alcanzar,
porque, donde te metas, buscarán tus caricias
y mis labios benditos un día te besarán.

A Diana

¡Cómo han renacido los viejos recuerdos
cuando, siendo niña, se prendó de ti
y de tu vestido, del eterno velo,
de esa hermosa tiara, todo mi existir!

Te buscaba en todo. Te coleccionaba.
¡Mi hermosa princesa, cuánto te viví!
Yo reí tu risa, yo mimé a tus hijos,
y lloré incansable cuando te perdí.

Si quiero sentirme ser niña de nuevo
me basta tu rostro de paz y piedad
para remontarme a aquella mirada
que me impresionaba, frente a aquel altar.

Tú simbolizaste lo que fue mi infancia...
eras "la princesa", esparcías amor
al pobre, al anciano, al blanco y al negro,
a niños y a adultos, con el corazón.

Todos te adoraban...todos...menos esos
que siempre quisieron ser igual que tú,
y es así este mundo pues hoy te recuerdan...
hoy, que su carita, refleja tu luz.

Hoy fueras abuela, Diana de mi infancia,
mas feliz los miras desde donde estás,
tu canto le arrulla, velarás su sueño,
Dios irá tejiendo en él, tu humildad.

Si algo de "realeza" se nota en su rostro,
si un título adorna su vida "real"
obvio sería todo, no pueden negarlo...
se debe a tu alteza y a tu gran bondad.

¡Que herede de ti, el alma piadosa,
la mirada franca, la autenticidad
y que por sus venas recorra tu sangre
los hermosos mundos de la eternidad!

Mi prójimo

¿Quién es
ese que me necesita,
asustado, de si mismo,
ese, a quien nadie ve?

¿Quién es?
Le pregunto a Jesucristo,
y en el fondo de mi abismo
justifico mi desdén.

¿Quién es
ese que no ven mis ojos,
ese al que ignoran mis manos?
¿Un medio muerto tal vez?

¿Quién es?
¿Es mi hermano? ¿Es mi amigo?
Quizás un desconocido…
Mi enemigo habrá de ser…

¿Porqué
me dilato en ayudarlo
y campante sigo el paso
sin hacer nada por él?

Yo se
que malgasto mi existencia
al no compartir la herencia
de Tu Gracia por do quier.

Hoy se,
me lo han dicho Tus palabras,
que mi prójimo me aguarda…
sea quien sea, allí estaré.

La estirpe

¡Yo conozco poca gente
que ha tenido tanta dicha!
Ya parecen una estirpe
más que un grupito de amigas,
que se pierden y se encuentran
cada hora y cada día,
que se cuidan y se extrañan
(y se peinan y maquillan).

Yo disfruto desde lejos
verlas así tan unidas
celebrando cada cosa,
sinceramente rendidas
a la gracia de ser una
para todas en la vida,
y ser todas para una,
cuando lamen sus heridas.

Es un tesoro, les digo,
y sin miedo a equivocarme.
porque amigas como ustedes
es un ramo de diamantes,
es una gema preciosa,
con un brillo impresionante
y que al pasar de los años
alza el valor del quilate.

Se nota cuánto se adoran
y disfrutan estar juntas
como un cofre de secretos,
como la carne y las uñas
(claro, las uñas bien hechas,
siempre denotando altura…
que donde digan "presente"
se ponga de pie la Luna.)

Todo el estrés de dos días
- trabajando como locas -
es necesario sacarlo,
porque sino, se amontona…
¡cálcense altas sandalias
de rojo pinten la boca,
que la tertulia que esperan
es urgente y sin demora!

Sigan así, nunca cambien,
háganse viejitas juntas
para que cuando una olvide
los años y la aventura,
las otras se lo recuerden
(mientras se hacen la uñas)
burlándose de los años
en una añeja tertulia .

Calla para siempre

Dime si te gustan mis caricias,
dime si tú tiemblas como yo,
dime si te angustia mi existencia
si me besas y te ciega la pasión.

Dime cuántas veces me cosechas
cuando a solas siembras ilusión…
dime si las ganas te atormentan
de robarte para ti mi corazón.

¡Dime ahora, o calla para siempre!
¡Dime! No dilates ese 'no'…
Ven responde todas mis preguntas,
que ya es tarde, ¡dame la razón!

El peso de la sangre

No hay nada como su peso,
nada como su extensión,
nada hay como su altura,
su aroma ni su presión.

¿Su absorción? Inigualable…
su volumen, superior,
su profundidad, inmensa
y su historia, es el amor.

Es del ancho de los llantos…
su estado es desconocido,
ya de tanto renovarse
pesa mas en el vacío.

No se le asemeja el tiempo
al calor de sus palabras,
su velocidad depende
del abrazo…en la distancia.

Su fricción es relativa
al embate de terceros:
"Al menor roce con uno,
se choca con el entero".

Su sabor es distintivo,
su salinidad, eterna…
se diluye fácilmente
entre alegrías y penas.

Su religión es…sagrada,
no hay nada como su base,
su vértice es siempre el mismo,
su dirección, honorable.

Cual si fuere de mercurio
intensifica su enlace,
la sangre, no tiene precio…
su peso es inmensurable.

El verbo madrugar

Conjuga conmigo, amor mío, este silencio,
en el tiempo perfecto que precede al amor
reclina tu cabeza primero aquí en mi pecho
yo besando tus labios, tendré tu corazón.

Las gardenias sonrojan sus pétalos al vernos
en esta noche oscura donde somos el Sol
que se asoma y despierta el deseo que la Luna,
desvestida y preciosa, anoche nos dejó.

Abrázame las manos con tus manos calientes
sepárame del frio que me hace temblar…
despiértame, amor mio, conjúgame contigo,
en presente inmediato, el verbo madrugar.

Meteorología

Hoy siento el alma lluviosa,
brisas fuertes me despeinan
y el salitre de mis costas
anuncia la tempestad
y cual mutante en tormenta
levanto al cielo mis manos,
como sirena en espanto
me sumerjo en bravo mar.

Parcialmente y de repente
se nublan mis sueños claros
y las posibilidades
de llanto y de vendaval
aumentan inevitables
y amenazan mis tornados
con destruir a su paso
mi triste felicidad.

El Sol me ha dado la espalda,
a mi y a la clara Luna
que, nueva, me deja a oscuras
porque no sabe brillar
en ausencia de su amado
y pagando yo las culpas,
quedo loca en la locura
que me viste de huracán.

Y los vientos sostenidos
azotan el frágil puente
que cruzo, descalza a veces,
para sentir el tablón
que me acerca mas al árbol
que un día alababa al cielo
y hoy se extiende sobre el rio
que su cauce desbordó.

Y así paso día y noche
y agotada soy vencida
por el sueño, en una cueva
que guarece el corazón
de quien espera asustada
que se apaguen las centellas
y ser de nuevo sirena
que un turista despertó.

Más de lo mismo

¡Mas de lo mismo,
no puedo creerlo!
¡Típico se ha vuelto
tanto ir y venir!,
multitudinaria
cadenas de prisas…
todo en un horario
que no tiene fin.

Me aburre el sistema
impuesto a la vida,
torpe encrucijada
sin días de acción,
sin retar las olas,
sin subir a un árbol,
sin ser la cometa
que entretiene al Sol.

¡Quiero ser… guitarra!,
¡Quiero ser poesía!
¡Quiero ser la mano
que alivia el dolor!
fuera de esta estúpida
agenda que frena
el deseo inmenso
entre tú y yo.

¿Dónde?

¿Dónde guardaste los besos que un día me
prometiste?
Si los escondiste lejos, seguro los olvidaste
en un ático alquilado a una señora morena
o en un cajón, donde guardas cositas y disparates.

Tal vez los tiraste al mar, como se lanza un poema,
así, al aire, al vacío, a merced de las gaviotas
que hambrientas no ven la hora de regresar a la orilla
que garantice a su prole cada comida a su hora.

¿Los subiste a una paloma que alentaste a perder
rumbo?
¿O los enterraste vivos en la entrada que algún
pueblo,
donde ni indios ni vaqueros se interesen por su suerte,
con un letrero torcido que reza: "Morí primero"...?

¡En un banco los guardaste, como se guarda un
talento,
para darme cien por cada beso que depositaste!
¿O los sembraste pensando, que cuando crecieran
fuertes,
te darían frutos jugosos y un postre me preparaste?

¡Dime, por Dios, insensato! ¿Dónde pusiste mis
besos?
¡Dime, que busco y no encuentro! ¡Dime dónde los
dejaste!
¡Te exijo que me demuestres si están en carnes y
huesos!
"Yo de ti, no guardo nada...porque tú te los llevaste..."

Mil poemas

¿Qué está pasando conmigo
que no soy ni la mitad
de la que en otrora fuera
y no me puedo encontrar?

¿Por qué me siento tan seca,
tan árida y tan vacía,
si tengo lo que soñaba,
si hoy tengo lo que quería?

Mi realidad es distinta,
no hago cosas que me gusten,
y entonces se llena el día
de quehaceres que me aburren.

Me da lo mismo atenderme,
que no cuidarme jamás
y cansada paso el día,
¡y de la noche…ni hablar!

Ya no salgo (ni me sacan)
la rutina me ha cubierto,
y entre mi vida de madre
y de esposa, no me encuentro…

Me doy cuenta que las otras
sí concilian sus horarios,
hacen magia con el tiempo,
no se les nota el cansancio.

Yo, definitivamente,
no soy la misma de antes,
soy, un muchacho cualquiera,
un martillo…un alicate…

Un martillo, no va al cine…
un alicate, no cena,
no inspira. Solo resuelve
las cosas y los problemas.

¿Por qué estoy tan dependiente
sin amigos y sin norte?
¿Dónde estoy yo?...me pregunto,
pero mi yo no responde.

Creo que estoy aburrida,
cansada de hacer lo mismo
día y noche, noche y día,
con mi horario y mi equilibro.

No pienso seguir viviendo
mis días de esta manera,
resuelvo sentirme viva
y vivir…¡como yo quiera!

¡Hoy mismo cierro la puerta
del hastío tras de mi!
¡Disfrutaré mis cuarenta,
de mis hijos…y de ti!

¡Haré planes inmediatos!
¡Muchos planes voy a hacer!,
y seguiré mis instintos…
y haré, lo que quiera hacer.

No sabía lo que pasaba,
pero ahora que lo sé,
levaré de nuevo el ancla
y con el viento me iré.

Y descubriré la luna
que bajaste alguna vez…
pediré permiso al cielo
para ponerla a mis piés.

¡Y mi espíritu dormido
con su luz recargaré,
y estornudando rutinas
el polvo sacudiré!

Y haré una fiesta privada,
¡solo musas!…(y un sartén,
para pelear con el diablo
que me quiera detener).

¡Me inspiraré como nunca!
Escribiré mil poemas,
al amor, a la locura,
a Cristo y a las estrellas.

Que el infinito me escuche:
con leyendas en mis letras,
en tinta negra – Universo,
¡Voy a escribir mil poemas!

Rosanna Blanchard